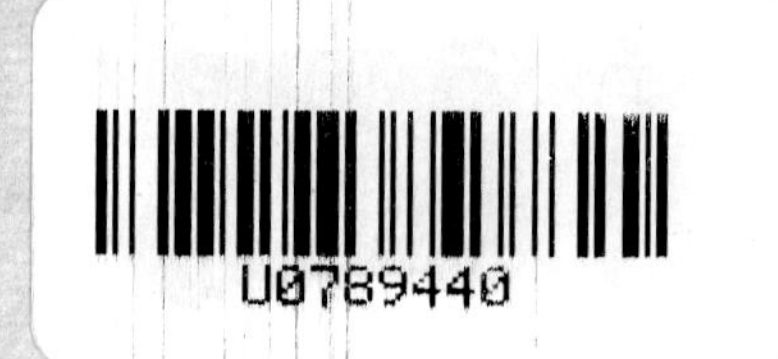

靈棋經下卷之上

一上一中　晉節卦 乾陽之象 二陽孤立乾天西北

象曰居貧茹苦無有門戶出入跼蹐立錐無土

顏注迴然不羣獨居於位外不相應內無所依貧苦艱難跼蹐而已此卦百事不利

何注居無所憑故云立錐無土病者沉困所求不遂官事難解遠行逢盜忐宜祈福

陳解孤陽無應地道空虛貧苦之象也故曰云云

劉解居貧茹苦无以為家也出入跼蹐亦可嗟也此課上中孤單而無下位故為貧寒無土之訣

占事皆凶

詩曰條雲易散信難留寂寞黃昏事可愁惟有陰功暗相助也須憔悴帶心憂

一上二中　懽悅卦 配偶之象 陰陽得位艮山東北

象曰夫婦相親無有他人對膝而坐但有歡欣

顏注剛柔相應和悅之象百事和諧昏姻甚吉市賈有利

何注居宅平安所求皆得凡事從心田蚕大收官事散病者瘥行人還吉利之兆

陳解陰陽相得夫婦之象也故曰云云

劉解夫婦相親室家宜也對膝懽忻聊以自怡也此課雖無下位而上陽中陰得其正偶又無間害占之者居家昏姻凡百和順吉

詩曰兩重天上喜君眼一齊開宗寞淹留晚從伊展異才

乾道既立坤德柔兮彼美孟姜君子求兮永與諧老同德休兮

一上三中　方遂卦 生成之象　二陽得位乾天西北

象曰處得其位事得其意定志安心福祿方至慶賀忻忻長為我利

頴注三陽居中一陽應之獲其序矣百事皆吉

何注凡事從心婚姻和合官事罕散居家宮樂高遷病者勿慮當遇良醫行人自至凡事大吉

陳解人道陽盛上下無克生意油然故曰云云

劉解陽道方亨處得位也上下無奸保福利也此課得其位占事皆吉

詩曰驟進徐行自有程月沈西海日東升運來何必勞心力風送江湖萬里清

一上四中　艮伺卦 憂病之象　陰窮中位艮山東北

象曰食不入口氣不出鼻心腹煩結使不得寐

頴注陽弱陰盛羣陰處內不順於陽故致患害

【項注】陽陷陰故憂虞而不通於陽故致災

象曰食不入口氣不出鼻心腹煩悶不得痊

一上四中 兆向北之象陰陽中條取山東北

苦心功乃風送江湖萬里濤

【詩曰】躁進徐行自有福且況西海日東升運來可必

緣詩其旨言事皆吉

【劉辭】陽道方亨壽說旅也上下無妨保福利也必

【陳辭】入道福繳上下無貴意通無數日六、

高遠福番乃應福退良貨行入自見凡事大吉

【何注】凡事從以協和合宜事必無營家宜與進

【續注】三陽居中一陽應以獲其序多有吉事也

云為於利

象曰卦應得其位事得其意宜無以福禄乃得顯祿亦

一上三中 方遠非其云往歲以三陽得位乾天西北

與諸爻同德繹卦

象曰乾道既云坤德柔先後美並集合于來不求

【詩曰】而重天上喜音融一齊就其負濟留時從便應

吉之善居家皆如凡百和順吉

改緣雖無不從而上臨中從詩其占職之應臨諸

【劉辭】大歸相顧室家宜也劉辭雖有弗以自怡也

何注病者不吉囚者難出理宜自責勿怨他人遠行逢賊舟行遇水之患百事皆凶

陳解四陰方盛一陽不應鬼氣充滿之象故曰云云

劉解一陽四陰志不通也心腹煩结病在中也此課羣陰據於人位而孤陽在上無与為徒上下不順息氣不通慎防陰賊出行憂風水賊盜占事皆凶

詩曰同類須防反目時從来相好变乖離當時貫朽空存迤江上萋、草色齊　元氣轉散精神虎亠

有扁鵲命亦傾覆

二上一中　遲吉卦終利之象陰陽反覆震雷正東

為曰托人以事日望其意乃至於今方獲嘉喜事雖淹留終遂其志

頴注位雖反錯交其有援以事托人終獲其吉缘身位孤微不能自達故淹留乃吉

何注托人以事但莫厭遲晚乃從心也外有喜慶凡事遲吉

陳解陽主速陰主遲上中二位本相應然在上陰柔應我稍緩故曰云云

劉解托人以事求未獲也淹留遂志終有得也此課陰陽雖比而上下交錯身位孤微不能輒達故欠而後通凡事先憂後喜終遂所求不宜躁也

詩曰前程自有豐亨日謀托終能稱我情更得貴人青眼顧一時春色滿門庭

二上二中　戒慎卦 憂離之象 二陰對中坤地西南

象曰雖安猶危雖喜猶悲常恐分別不得相隨

頌注二陰對居陽位全无志不相偶常若分離此卦所為不利昏姻难合純陰故也凡事平、必須戒慎

何注欲有分離不審善惡所求难得宜謹慎家人作

事恐有陰謀軍行不勝官事未解百事不吉

陳解兩位皆陰弱而志不和應有分別之象故曰云云

劉解雖安猶危室家空也常恐分別志不相同也此課二陰居外而无家室自以為安而不知其危且又志不相偶無所依託占者得之所為不遂家道消之常有憂而不能釋也

詩曰萬事不由人悲歡在一身防微兼杜漸處治莫因循

二上三中　大成卦 知上之象 正陽處中震雷正東

大府傷…

因前

〔諭曰〕萬里電不由入縣…

〔奏〕二衙…全不…不…

二十二中

〔諭曰〕…

〔諭曰〕…

〔圖〕…入…東…

象曰過我阡陌駕車轔〻厥寶伊何黄金白銀常使豐足永不憂貧

顔注陽位居中志應乎外元亨福禄不憂其貧此卦吉謀望遠即有喜慶

何注或因人來得物或往求人得財百事和合病者安遠行者至大吉之卦

陳解人道陽盛二陰相應富足之象也故曰云〻

劉解過我阡陌剛柔應也車駕轔〻位正中也永不憂貧大有慶也此卦占事皆吉但无地位治產立業皆不利於家鄉而利出外凡無下位之課秪如此

詩曰受天之禄必降禎祥務滿不溢守之乃昌毋怠毋驕永保安康

二上四中　扶危卦守節之象　正陰居中坤地西南

象曰聖人彬〻其形若何賢良内應先後歌別本象辭作昨日出行与禍相當流矢中我目淚汪〻未知孰是

顔注聖人所以異於凡人者以其文質彬〻然後為貴也此卦先憂後喜欲見人君求官禄無始有終

何注行處不吉或遇兵寇被射中目行人不来病者困極官事難成是非啾唧求福乃安不宜乗船守旧

獲吉

陳解在上陰弱下位落空羣陰居中無地可立危亂之象也扶危守節所以勸戒然未見其人䌛辭聖人彬彬賢良守節與卦象不合疑别本昨日出行与禍相當流矢中戒目淚汪汪有凶無吉之卦也此語當是

劉解出行遇禍陰居中也流矢中目陽上窮也此課上中並陰既無下位又非匹偶自相傷賊占者得之當為陰小凌犯行人憂盜官事難解用兵傷敗昏姻不諧凡百有咎

詩曰雲横山際水茫茫千里長途望故鄉蹇厄事事君莫恨倚门惆悵立斜陽　天生聖賢抱道無位周流四方以道為貴文質彬彬拔乎其萃

三上一中　福流卦　得天之象　三陽在天乾天西北

象曰連遇不泰今與泰會非但一時蔭及累代

頌注三陽在上物莫能侵君明臣良小人退位可以致福慶也此卦初雖有憂後則無吝居家吉利事始從心祿位方得行人還病者瘥所求大吉

何注事始有憂後有福至利見大人財物倍獲官事解師行勝印信文書至惟不利昏姻

陳解人道既正天道陽明炤臨在下受天之福故曰云〻

劉解連遇不泰先有憂也今与泰會卒獲所求也此課上中俱陽而無違阻志同道合可致福慶得天之象凡事先悔後喜

詩曰風波今已息舟楫遇安流自此功名遂何須然白頭

三上二中　晚就卦有此之象陽列陰上艮山東北

象曰負耒躬耕四月舉趾黽勉趨時黍稷蕤〻

頴注陽居上列陰正中位得其理也以時播種而[illegible]多利四月正陽禾黍始茂田蚕吉利

何注凡事吉利但少遲耳居家遠出求財大吉出師勝行人至卦象無剋四月以後宜用

陳解人道陰弱未能遠成然三陽在上受天之福可知故曰云〻

劉解以陰從陽位正當也躬耕及時遂所望也此課三陽得位而陰從之順而不違之象但無地位必勤力及時乃能有獲

詩曰前程有路莫嗟遲沙裏淘金得幾時淘盡沙泥金始出重〻名利兩相宜　農者躬耕在勤有成播

植及時百穀豐登既飽且醉樂不可勝

三上三中　事君卦 合德之象 二陽相生乾天西北

象曰明君在上下无奸慝朝服濟濟無假黜陟

頌注上有明君下有良臣故無奸慝而濟濟焉有倫序也此卦大吉宜得位得祿之喜

何注初憂後吉臨官弥善因人得出百事吉利印信文書至官事得貴人力田蚕牲畜倍利軍行大捷但不利昏姻

陳解天人純陽君明臣良之象故曰云云

劉解君明臣良無奸慝也朝服濟濟不宜多易

此課重陽居君臣之位无陰小人間已得其全矣凡事皆吉宜守旧不宜更改惟占婚姻雨澤則不如意

詩曰頭角軒昂半出雲爪牙方就免艱辛從今再遂雷霆化須作人間天上人　唐虞治世君臣都俞四岳達聰百揆允謨三載黜陟邪悪永除

三上四中　必得卦 收利之象 陰陽相應艮山東北

象曰韓盧逐兔飛鷹搏雉虞人從之其獲足恃

頌注三陽在上陰居其中內外相應順序之象也走狗飛鷹无往不獲此卦尤宜畋獵討捕求官望事皆

吉利

何注官事散田蚕收印信文書至速軍行大捷志雖初大後終小失亦無害也

陳解陰陽皆盛上下相應故曰云云

劉解韓盧逐兎陽乘陰也其獲之恃大得禽也此卦大宜捕亡討賊治產求官

詩曰一片荆山玉須憑巧匠求琢磨成大器終得遇王侯

四上一中　雪恥卦負乘之象陰蔽陽微震雷亡東

象曰擔餉入田不見耕夫盜鳥無狀啄我乾脯挽弓射之夷其左羽

頴注身孤位微重陰所蔽事与災會故曰盜鳥啄脯然陽之為体自微至著終當剋捷以雪前恥

何注因與人物故致私憾此卦有憂遠行人未至亡田蚕薄收所求不利婚姻不成官事未解終得貴人力救可免大禍

陳解人道孤立羣陰在上易曰負且乘致寇至冠謂陰也然人道既正終當勝邪可以雪恥故曰云云

劉解不見耕夫蒙奮弱也力小任重致寇害也射

之中羽是亦克捷也此課重陰居上孤陽居中當
有奸盜終必敗獲出師先敗後勝也
詩曰蒙頭不見曉行人獨坐寒（又作凶）窓未辨明山下
水深難覓渡扁舟終待榜人撐
四上二中　戒進卦（宜退之象）羣陰反位坤地西南
象曰醉中鬥爭刀杖並起主人惶怖自縛乃止
頌注處无位之地羣陰之下賓主失禮醉怒喧爭主
人自卑而後得止此卦多咎會客凶
何注初有口舌順以解之終無憂也家中防陰人血
光之事官事財物不利脩禳則吉行人恐有爭鬥凡
事宜戒慎

陳解二位皆陰主不勝客至有寇害而避之故曰
云云
劉解醉酒喧爭小人之凶也主人自縛避其鋒也
此課不宜行事自保可也
詩曰處豫當思患求謀在見幾樽前防暴客謹還可
無虞
四上三中　戒逢卦（如止之象）陰居陽位震雷正東
象曰前有寇盜後無行人安步以往可得全身
頌注三陽共居下無其位羣陰在上如寇賊之在前

然三陽始盛安步上往故不能害雖死吉慶僅可全
身此卦游行小吉此下無位故曰後無行人
何注初有口舌欲還鄉邑且宜暫停乃得免患百事
小咎此卦不宜行宜上吉凡事宜緩
陳解陰邪在上主人剛強足以制之故曰云云
劉解羣陰在上前有冦也有上無下无人在後也
知難而止可无咎也
詩曰行玄未能無阻隔更防陰小暗中傷名香一炷
宜禳謝保護消災身自康

四上四中　被絞卦（宜遠之急）羣陰浸盛坤地西南

象曰懸急如絞救不能至魯望高子不足為比
顏注陽德俱消羣陰浸盛敗亂之象若魯閔公遇賊
季子以僖適邾其年冬齊高子來盟遂平魯亂此卦
軍行先敗而後喜
何注口舌是非紛擾拮据病者遲遲行人未至軍旅
不勝家宅慎防奴婢官事先憂後得人力求官宜速
則成否則必有鬼賊凡事迅速不宜遲緩
陳解上下羣陰禍變危急宜急救之故曰云云
劉解懸急如絞窮之極也救不能至禍已亟也無
下位故為高懸之象此課羣陰上行必至敗亂而

望救於他人困之甚也占者皆凶
詩曰陰極凶危甚生民已倒懸若無逢救力焉得保
生全
一中一下　敬慎卦 昭德之象　二陽下升乾天西北
為曰昭德塞違事在順機賢人慎始君子防微
頴注雖无上位而卦有陽爻足以昭其盛德塞彼非
違凡事宜順機而動兼慎防危君子吉小人凶
何注凡事順機而行則得志矣左傳臧哀伯昭德塞
違以照臨百官此卦臨官大吉
陳解人道地道皆得一陽而未能盛然上无下援

不可不謹戒自守故曰云〻
劉解昭德塞違在順時也慎終於始必防微也此
課宜知機識時以行公正之事
詩曰別有河沙路休隨女子遊莫嗟多蹇滯得意便
風流　安居防危涉險防欺毋急毋忽慎始得
一中二下　帝道卦 德至之象　陰陽相通艮山東北
為曰天地同功陰陽相通事業廣大從西至東行來去處
難蹈其踪
頴注天地開通草木方始未易縱也宜積德脩仁漸
而向榮大君聖人之象也所謀未測所求難應遠行

未還

何注志大難成不可量也

陳解人道既正地道亦正陰陽相得天下平治之象故曰云丶

劉解天地同功會陽得也事業廣大進未極也難蹈其踪不可測也此課立功業大吉

詩曰女子倚門立欣逢好事來從今無險阻亨福莫疑猜

道大德峻功不可量君子進用小人退藏

一中三下　不定卦孤疑之象　衆陽競趨乾天西北

象曰孤疑猶豫意中不定進不可希退宜從正

頌注上位無君衆陽覺起未定之象內外無應故猶豫也昧理而行不如退而守正

何注進退不定難得從心事皆如此求官遲得吉病重方瘥行人未還軍陣不勝退省循常之象

陳解人位弱地位反盛羣雄並興而不相應莫知所從故曰云丶

劉解孤疑猶豫莫適從也進不可希心憧憧也退宜從正無入於凶也此課當無君位之時而衆陽在下无所定向故為孤疑猶豫有陽無陰內外無應故進不可希不如退而從正也占者守靜則吉

詩曰暗事出幽室迷雲鎖洞房連枝人不見獨自一愁傷　岐多忘所向天闊地無踪進止君須慎安身獨守窮

一中四下　邪佞卦積惡之爲　羣陰剋陽艮山東北

象曰違天背君不順倫理邪妄放恣人皆切齒

禎注上无天位中又孤弱羣陰擅命故有違天背君之爲邪佞之徒惡直醜正害及善人臨官殊凶訟事失理

何注人必責之由身放恣故曰切齒言怨恨深也此卦陰謀相克官災撓括大凶病者宜作福禳行不捷行人未還宜脩德循旧可也

陳解人道孤立羣邪並起陰謀罔上故曰云〻

劉解孤陽羣陰邪蔽正也小人放恣莫能禦也此課上無天位中又寡弱而羣陰下比恣意而行違天背君之象占者无所不凶

詩曰望斷行人事漸虛相逢陌上總成踈當時湯有平生約等到如今不見渠　奸邪蔽上禍及良善背道逆理下民怨望小人得志君子道藏

二中一下　慎悔卦顛錯之象　陰陽錯位震雷正東

象曰上下反錯事皆失宜東西乖異不相追隨

頴注心有攸往事不從心陰陽錯位故也所求無益為事不諧

何注陰居中位内陰主事所圖宜向陰貴人和協用事求官未遂求財多破貴人難見官事未出病者未瘥行人未至昏姻未合軍行不勝宜循旧或遠千里外吉

陳解陰反居上陽反居下顛倒乖錯故曰云云

劉解上下反錯柔尚剛也東西乖異失所望也此課上无天位而陰陽又顛倒于下諸事皆反逆凶占者慎保

詩曰天事轉艱危人心亦自欺察言防不暴進退慎其為

二中二下 宜初卦防淩之象 純陰缺陽坤地西南

象曰深思遠慮居安念危今雖無患終必傾虧常行正道慎勿詐欺

頴注純陰無陽不能保其終吉故必見危敗此卦初雖偷安後必見咎

何注凡事宜深思遠慮今雖平善後終不利公私謹慎官事求有力人病者不落空凶行人未還餘不利

陳解上下純柔未至於極故曰云云

劉解深思遠慮柔懦而安處也終必傾虧上無主也常行正道則不失所也此課二陰相比于下而上無主苟且自安而終不能自立占者守正可以保已若有妄動必至危敗

詩曰莫言小事只如閒卻恐因循事轉難不戒履霜馴至候堅氷終及定傷殘

二十三下　福會卦 敬慎之象 三陽助陰震雷正東

彖曰德禳不祥敬慎是遵令雖隱約福祿自臻

頫注此卦變其陰而成陽位之以禳去不祥終至福祿也凡事俱皆先小憂後大吉

何注福祿必來但不速耳事得從心公事初有聲後先競患病初輕後重脩禳吉行人軍旅營求並初不利

陳解人道雖陰地道陽盛福祿之會也故曰福會敬慎大允陰柔之人不能持守故多有謹慎之戒

劉解德禳不祥陽下陰也福祿自臻終獲其心也此課陰陽雖失位而三陽剛盛陰不能勝故為德禳不祥之為始雖有咎終獲大吉其勢自然不待求也占事皆吉

詩曰鵰鶚當秋勢轉雄垂天雲翼欲凌空榮華須待

靈棋經下卷之上至七十章終

時來日先後聲名達九重

二中四下　陰賊卦後凶之象陰盛失陽坤地西南

象曰陰賊逆謀陵弱據殆雖竊魁柄不利後代

顏注變陽浮陰々賊之象也貪賊謀害後嗣將微故日不利後代此卦九百經營初獲吉後有害

何注羣陰用事故多陰賊逆謀思欲害人終未遂縱令如意亦不終吉陽變爲陰羣小謀上之兆

陳解人道既陰徒衆又盛逆謀陰暗故曰云々

劉解陰賊謀逆小人得時也不利後代終不可私也此課謀事初吉後凶

詩曰一枝花欲發却值雨和風雲散多青黑愁消福祿空

陰陰虧福勢不可久禍及厥躬更貽尔後

靈棋經卷下卷之下章次順数至廿六

靈棋經下卷之下

三中一下　福利卦 元亨之象 二陽主事乾天西北

象曰出門逢福與善相得明珠夜炤使我不惑

顔注陽德方亨又与福會凡事皆吉所作皆通

何注既与福會又為明珠所炤事無不吉所作皆遂獄訟无害

陳解人道剛正地道又實福禄兼修故曰云〻

劉解出门逢福得其与也明珠夜照雖幽不瞽也此課陽得其類而不失序三之剛明足以炤幽暗可謂与善相得者矣占事皆吉

詩曰運達功名至皇恩忽到家幾年桃李樹春如園花

三中二下　福祥卦 安泰之為 陰陽各安艮山東北

象曰天消地息賢人安職行藏吉昌有利無極

顔注天消地息陰陽各安其位君子静而自得此卦凡事帰本大吉利

何注所求不可速万事自從心求財望事並吉獄訟有人力救病者良醫行師勝大吉之兆

陳解人道強盛地道純美陰陽相得故曰云〻

劉解賢人安職位正當也行藏吉昌自得無虞也

詩曰貔貅寶馬自驕闐鷩起湖山白晝眠千里悠然
無阻碍碧波芳草正連天

三中三下　攸叙卦（保寧之象）二陽純剛乾天西北

象曰鳳皇銜珠来集庭階福為我致禍為我除

頌注上當盛位之勢獨能以純剛禦之吉祥必也宜
禍消福至鳳者五靈之美珠者寶玩之物所求大吉
並無刑克

何注福禄方至大吉利也財物倍稱之兆

陳解上下盛陽無有陰尅百福自然故曰云云

劉解鳳皇集庭覽徳輝也福至禍除衆善陽

課占者無所不利惟求雨則違所欲矣

詩曰瑞物慶駢臻光華五色新天恩今日到福禄在
斯人

三中四下　否傾卦（任賢之象）三陽伏陰艮山東北

象曰君子抗衡小人低軀明君治世分别紫朱

頌注處重地之安得三陽之焰易曰小人勿用之時
求官大吉餘事各得其宜

何注明主在上君子得用所頒心小人位伏理宜然
也

陳解盛陽在上盛陰在下陰陽相應君子小人各

得其分故曰云、

劉解 君子得位小人服也分別紫朱各安職也此課陰陽各得其位剛明上照而柔陰下從占者得理君子小人皆吉

詩曰 枯木春將近山川秀氣盈門前雙鵲噪喜報利名全 又改成字

四中一下　未形卦 龍升之象　獨陽升陰震雷正東

象曰潛龍將升元雲上起天下蒙祉先否後喜

頌注 初雖不嘉後乃大起喜一陽在下易初九潛龍勿用之体如龍將升而雲起從之共飛虛空以

下君臣相得之兆

何注 初否後泰諸事皆吉

陳解 盛陰在上一陽在下懷升進之志有雲龍上下之象故曰云、言未顯於位世也

劉解 潛龍得雲以上天也先否後喜往无咎也此課上無天位而一陽在下四陰接之故為潛龍得雲之象初雖艱難後乃克濟大吉之課也

詩曰 缺月復重圓花枝色更鮮桃源歸去路一日遇神仙

四中二下　蕩覆卦 降灾之象　純陰無應坤地西南

彖曰天龍暴怒雷公擊鼓興雲致雨流潦下土

頴注以純陰而居無應之地不能消災却患故曰雷霆橫擊水潦為災此卦百事悔吝行人昏姻市賈並不利

何注雨流蕩滌凡事悔吝不宜之卦

陳解下有二陰升高為中四陰蔽極飄蕩反覆之為故曰云云

劉解天龍暴怒陰上興也流潦下土物莫能勝也此課占事皆凶惟宜求雨

詩曰斟酌樽中酒徘徊檻外花一場歡宴地不覺陽斜 日冥冥兮水橫流兮稼穡害兮魚鼈游兮月昌霽兮德不修兮

四中三下 辟世卦遠遁之為以陰凌陽震雷正東

彖曰小人得志君子失道去我室廬入彼澤州

頴注以明揚之德退居卑位而陰暗之徒反居中位賢良屈滯之象故棄其棟宇遠棲草澤幽居養志以待其時此卦宜退不宜進

何注為陰所凌失其正位又曰病者宜告陰人救

陳解羣陰在上小人得志三陽本全才居於下君子在野之象此卦與四中一下異者一陽尚可進

三陽已極而不能進也故取象不同而曰云〻

劉解小人得志陰乘陽也入彼淨州位不當也此課陰陽失位凡事退吉進凶

詩曰口舌向门来身中且帶灾人前防暗箭第一怕傷財　鸞鳳離丹陛燕雀搏青霄奸臣猶竊位賢〻已逋逃

四中四下　鬼動卦（用術之象）二陰克戰坤地西南

象曰兩鬼共居常苦饑虛欲我入戶畏此靈符

頴注積陰之時鬼將為害祭祀無主故曰饑虛鬼不敢入猶畏神符此卦宜書符誦呪以除邪鬼祭祀是

吉

何注福去禍來宜修功德作善除邪病者書符誦呪治之方蹺田蚕薄收皆不稱意平常之卦土地先祖不安事多鬼賊病多躁悶驚憂出外避之吉

陳解二位陰極不能有為若衆上下宜用正法治之故曰云〻此与二中二下異者少陰純美老陰則極而無用也

劉解兩鬼共居積陰慝也畏此靈符窮無適也此課兩陰居下而無上位無宗廟祭祀之主是謂無依之鬼天位雖虛而高明在上鬼不能住猶有靈

禁之不得入門户也占事大困病者宜書符誦呪

治之

詩曰暗地重陰鬼將貽疾病憂縱然符可禦也自被

驚愁

一上一下　微損卦未安之象　二陽相隔乾天西北

象曰登樹采桑墮地仆僵東鄰有藥走往問方因遇良醫

得不損傷

顔注所向取物因此得病更往前處謝之則吉

何注陰失其位陽爻無應如升高墮地之象求于東

方得免獲損傷蓋東者陽之始病者往謝之求財東

遷移失脱皆向東求用則吉行人未還官事難解

陳解上下孤單中位又虚在上者有顛墮之爲然

就下則安蓋地道以有陽氣爲安也故曰云、

劉解登木仆地升高而危也問方得藥終不虧也

此課上下皆陽而无陰雖災不重東者陽之始也

故求方東隣而得醫也病者回所取而得更往前

處之吉

詩曰欲履平途反遇艱若求名利不如閒憂中喜值

良醫手留得殘在世間

一上二下　初諧卦終泰之象　陰陽得位艮山東北

為曰如娶新婦居家未諧黽勉自力嗣姓方續

頴注二陰一陽其道交昌雖無中爻陰陽得位內外相應如人新昏後始諧合凡事相應即可自力乾乾夕惕若厲无咎病者及官事無苦

何注昏姻無始有終市賈有利官事雖成此卦百事吉

陳解會易本相應但中虛故情有隔而初未合久則安矣故曰云云

劉解取婦未熟情未洽也黽勉自力成家業也此課陽上陰下各得其位而不相親如取婦然情雖相通而未浹洽也然而中位無主雖遠終近故曰勉自力卒能諧合占事稱意但須用力出軍終以和解

詩曰誰家女子把戈矛利祿須知向此求到得出頭終快活不妨懽愛且優游

一上三下　不耕卦（中虛之象）二陽相隔乾天西北

象曰土急石堅仰頭訴天耒耜不舉禾稼缺然

頴注內外皆陽中無人氣潤澤不通耕耨俱廢故仰首訴天以望雨也

何注凡事要當求之則遂若不求則無成不耕則饑

不雨則旱，凡事如常，田蚕少収，官事屈沈，求救未應，
病重可醫，行人在外。
陳解地道陽極，上无陰應，如不耕之田，又如逢旱
之田，故曰云、、
劉解土急石堅，剛而不和也，仰頭訴天，無如之何
也。此課三陽居地位，而無應，一陽在上，而中位无
人，陽絶不能生物，占事皆虚勞而無成也。
詩曰有約還如夢，無緣事少成，故人應不遇，千里月
空明。

一上四下　鬼灾卦 虚耗之象 陰昜相隔，艮山東北，

象曰家有惡鬼，兩相對坐，伺候過失，斷水絶火，天神地
專察人過。
穎注陰陽亢隔，不相制，絜人位，又曠無為，家主故使
厲鬼窺繁也。此卦百事不吉，卜宅占病凶。
何注諸事宜謹，動輙有灾，宜修福禳禍，兼慎水灾官
事不吉，行人未還。
陳解中位無人，羣陰在下，鬼氣盈滿之象也，一陽
不能制之，故曰云、
劉解家有惡鬼，積陰氣也，高陽孤絶，无中位也，水
火斷絶，人道痺也。

詩曰空宅久埋塵遷居每致迍只緣人命蹇陰禍日纏身

二上一下　空亡卦 缺望之象 陰陽反覆震雷正東

象曰入水伐木登山捕魚損功失力手空口虛

頌注人缺既缺天地反覆立功造事皆不成遂故曰入水伐木登山捕魚終不可獲也此卦昏姻大凶病者難救陰陽顛倒故也

何注行人不來病者至重昏姻不合官事難解及求財求官俱不可得此卦大不利

陳解人道已空上下陰陽相反无一可取故曰云云

劉解入水伐木違道行也手空口虛無以為生也此課陰陽反覆而无人位有登　山捕魚入水伐木之象言其必不可得諸事皆凶

詩曰寶月盈時缺長河濁且清縱然无咎害也恐受虛驚

二上二下　不諧卦 不成之象 二陰不合坤地西南

象曰兩女無夫鬥爭各居出入異路分別室廬

頌注內外俱陰志不相合猶二女無夫理至鬥爭居宅殊凶昏姻不利此卦百事不吉二陰無主故也故

曰二女同居其志不相得此卦大凶

何注如有分别之意狀如移住而不盡移也官事難充病者痿遲行人未至行軍求財諸事不利凡事必見分張

陳解中位無人上下二陰兩不相應若兩女同居形同志異故曰云、

劉解上下二陰有女而無夫也出入異路室中虛也此課上下俱陰而中無主故取兩女無夫志不相合分别居室之象占者百事皆違所求

詩曰彩雲飛散水東流寂寞黃昏事居愁縱使日

無一事也須煩惱到中秋

二上三下　習坎卦（虛勞之象）孤陽失位震雷正東

象曰二人相隨欲行避危逢難落井筋力無施

顏注欲避陰害致失其位若逢難入井手足空存筋力靡施百事不成修營多不稱意遠行家凶

何注欲有所為無處施力所求不得所作不成占病弥凶求醫反見增劇行人有災大凶之象

陳解二陰在上已虛中位三陽在下如在井底無所施為故曰云、

劉解欲行避危心相疑也逢難落井亦可悲也此

課少陰在上剛陽〻下志不相得故始相疑而卒
俱陷
詩曰門戶自多煎陰功好向前交加文　上花發火
中蓮事已防微反遭其危如行入穽如動發機禍
不可解福不可祈
二上四下　來草卦（陰耗之象）陰氣弥盛坤地西南
象曰霜雪霏〻沾我裳衣北風其吹不得旋歸
類注陰氣弥盛內外無主風霜漂泊歸路渺然此卦
多咎行人弥凶求官買賣多不遂稱
何注凡事皆不遂心有口舌讒謗切宜慎之更詳

財居官閑退免災百事加慎
陳解上下俱陰中位无人小人縱橫君子無容身
之地故曰云〻來草惡人名即惡來革也
劉解霜雪霏〻陰氣集也不得旋歸无家室也此
課百事皆凶遠字者尤不宜
詩曰樂極悲生處黃金昨夜空已忘身後計歸路不
亨通
三上一下　無功卦（劳力之象）孤陽失助乾天西北
象曰東行採藥乃上泰山不得芝草但見芳蘭初非濟用
空手而還

頴注內外純陽不相應也重剛在上山岳之象中位不完難以立功採藥浔蘭虛美之名凡事皆有名無實聞喜不喜聞憂不憂

何注行軍不吉所求皆不遂蘭非器用空手而還百事無成

陳解三陽在上亢極而無用一陽在下孤弱而無應中位人虛果何為乱故曰云、

劉解採藥浔蘭美無寔也空手而還亡何益也此課三陽在上山岳之象內外俱陽而中位無有態者故有虛美而無效事功難立不可有為

詩曰見說洛陽花人心豈不誇去時良有望歸去無家

三上二下　兩宊卦 難雷之象 陰陽相薄艮山東北

象曰連降淫雨洪水滔天人民巢居無有火烟

頴注內外雜亞中位則空陰陽相薄故致雨也此卦多咎居宅弥山田蚕少收

何注凶亂之兆百事不宜眷屬不睦陰小不利求財難遂行人未還口舌未散行軍失利大宜守旧

陳解陽極陰生中无人位陰氣漸盛故曰云、

劉解雨水滔天長於下也巢居無烟亢於上也此

課三陽亢於上而少陰長於下中無主者故隨其所欲而降為雨水陽栖於上而無以為家巢居無火之象也占者得之凶

詩曰處〻生荊棘鷦鷯不肯栖意窮心更拙那飽稻粱肥

三上三下　旱災卦 空竭之象 亢陽失位乾天西北

象曰暑災為患天地燋然上天請龍入地求泉惶〻恐懼人皆不安

頌注天地俱陽亢極之象請龍求泉竟無所感此課大凶田蚕無利或遠出千里吉

何注旱災為災由上無恵澤下結民怨百事不遂婚姻起造求財並不利

陳解上下皆亢陽而无陰以應之中位又空旱之象也故曰云〻

劉解天地俱陽旱火熾也惶恐不安失其位也此課上下俱陽而無人位獨陽不生故為旱災占百事無所成

詩曰欲進前程退後難幾回懽喜幾憂煩渾如東海撈明月費盡精神只等閑

三上四下　遠襲卦 逃散之象 陰陽隔位艮山東北

象曰追捕寇亡乃至樂浪收我寶玉牽我牛羊

〔頴注〕天地相應陰陽有位故以遠赴海表明揚征伐但中位無主寶玉牛羊未免為賊所取此卦小吉凡征伐有剋樂浪在海東

〔何注〕或取人物以致不利急解謝則吉或中物是不應取而取之亦不吉也行人損財方田凡事破財吉

〔陳解〕下有羣陰盜賊之象三陽方盛能命將追討其陰黨故曰云云

〔劉解〕追捕寇亡往戍伐也乃至樂浪勞遠出捕捽

我牛羊得故物也此課陰陽有位而相應然無中位故為被寇有所亡失之象必勤遠伐而後得之占者勞力而後有成用兵先難而後勝

〔詩曰〕一牛兩尾事難全名利須防兩不圓得遇木人方有氣或逢水土亦相便　縱欲心雖獻誰知兩不全殺人雖有限自亦損三千

四上一下　盜窃卦（牽縛之象）陰伏陽孤震雷正東

象曰盜人珍寶欲為己有人發其奸鬼縛其財

〔頴注〕陰據天位陽反在下猶小人乘君子之器人鬼交罰也

何注病者由取人物致有令禍當即求解之兼慎口舌此卦凶宜向東求僧尼道士有力女人醫之方瘥行人開年方回失物尋却獲

陳解四在上盜賊得志也一在下欲盜之寶也然一在地〻〻勢尚安可以追盜而安民故曰云〻

劉解盜人珍寶亦可醜也人鬥鬼縛莫能有也此卦以至陰居天位非所當居而居之盜也陽雖孤弱非我所能奄而有也故人鬼交罰而所迯占事皆凶惟捕盜則必獲

詩曰不必勞形役須防失盜時吾求終不悔返累己

身危

四上二下　失律卦（反背之象）陰窮陽位坤地西南

象曰違道逆理陰陽相傷皇天不佑實受其殃

顔注陰窮阝位故曰違逆凡事順理吉悖理凶

何注占病難治官事不散有人譏謗鬥訟有傷軍行失律行人未還市賈不利百事平〻

陳解二在下地道本正但四在上則陰逆於天必至於敗失陰陽之紀律也故曰云〻

劉解違道逆理位不當也陰陽相傷不久長也此課以至陰居上位違道也而中位死人下位非應

雖一時竊據，而終有殃禍也。占事皆凶。

詩曰 旅巢傾覆禍殃深，慎事猶防獄訟侵。若欲出行千里外，須防家裏咎來臨。

四上三下　奸党卦 柳賢之象 陰進陽退，震雷正東。

彖曰 進枉退直，不得其職，賢人伏藏，君子歎息。

顔注 陰進陽位，故曰失職。賢人君子不得任用，故伏藏嘆息。語云：舉直錯枉則民服，舉枉錯直則民不服。

何注 百事不遂，宜退身守正。上言不從，則隨時為吉也。君子凶，小人吉。

陳解 陰陽皆以盛極而反背，君子在野，小人在室之象，故曰云云。

劉解 進枉退直，理到置也。小人得時，君子避也。山課羣陰竊據，而陽處于下，遠不相親，故為進枉退直，賢人伏藏之象。

詩曰 順範乃無禽，詭遇終多獲。黃鐘埋草莽，瓦釜聲戛戛。

四上四下　口舌卦 无吉之象 二陰相剋，坤地西南。

彖曰 東家娶婦，西鄰會客，縛豬啾啾，打狗咋咋，或慎禍患將成災厄。

顔注 事起於會集，其會中勿預之，吉。或有娶婦之禮，

則吉取合同好故也又曰内外相敵東家雖娶婦之礼西鄰尚能會客而家烹猪打狗用相誇競徒黨計較並有小吉然多不足也

何注此卦鬥爭及官事昏姻並輸物乃吉乘騎恐有宎官事紛紜行人未還居家謹慎防虞火燭病者宜脩福

陳辭羣陰布於上下而無應小人各行其志而不和惟見是非蜂起亂散將至故曰云云

劉解娶婦會客内外敵也競而不讓必有厄也此課上下皆至陰其體相敵彼娶婦而此會客雖然

歡宴自恣而無禁也小人之情樂極必淫而樂禍矣故能戒謹則可免禍不然必有鬥爭橫逆之事占者慎之

詩曰口舌向門來終身且慎宎家中防暗箭驚恐又傷財

一上　未明卦（無光之象）孤陽失助乾天西北

象曰元氣初生萬物未形光明未融出入冥冥始欲建立百事不成

頒注一者万物之初也陽氣初生未能光明肇於一爻以求衆象凡事遲留未稱遂宜待時動

何注作事不成病者漸瘥凡事皆平所求未成仕進
求財並未得行人留滯開年方回
陳解元氣初分微陽始生得一以清會濁未平故
曰云、
劉解元氣初生未有與也出入冥ミ幽渺不可覩
也此課求事不成凡百平、
詩曰憑心倚望非良策半似成真半似無ミ意却如
蕉得鹿有心翻作木求魚　一木之大隻手莫興一
將之勇卒然難平建始造功惟衆可成

二上　遷流卦未定之象　微陽反位坤地西南

象曰自天立象氣尚浮游未能審定東　遷流多不隨志
漫ミ悠ミ
碩注自一至二涉數方滋然基迹始興人道未立故
有遷流未定漫ミ悠ミ之象多不遂意
何注人事未遂不成之兆也
陳解二者陰氣之初而在天位若浮雲之不定故
曰云、
劉解自天立象其道微也東遷西游未成基也此
課人事未定作事不成
詩曰干祿誠非利營求亦有妨、然得亨快見虎也

須防　獨陰無助地曠田虛人事未定不得安居

三上　未寧卦（不安之象）三陽獨立乾天西北

象曰天地立形人乃化生隨氣上下不能自寧

頌注君臣混雜未有定所任其去留無相拘制此卦雖无咎凡事難諧

何注凡事必有困厄未能從心官事有疑病者瘥遲

陳解三陽本為人道之始乃居天位是有其象而無其位也故曰云云

劉解天地立形生物初也隨氣上下未定居也此課稍有所向未為强盛

詩曰驚虛損失而重災謹密行藏慮暗來虎尾之驚如脫得此身要泰必虧財　二儀立象三陽不定吉凶未辨焉有所從

四上　死象卦（巻巳之象）重陰反位坤地西南

象曰人生有死鬼物乃興四時代謝寒暑相　沉蔽不顯其体陰凝

頌注上有重陰中無陽位此為死象夫死者與造化隔絕陰陽乖殊四者易變病者益憂其体幽微陰者鬼之象

何注暮年將老爲鬼復來四氣不調凶之地也

陳解四本老陰乃居天位此四死絶之氣故曰云云

劉解重陰冥冥在上窮也陽氣蔽塞人道終也沈蔽不顯何其凶也此課占病死凡事凶

詩曰燕雀動簾幃驚回梦已違幽冥勿營事也恙是和非病入膏肓氣将絶魄散魂離脉已歇百年私計等閒抛縱有盧醫不能活

一中　發陽卦生意之象孤陽無主乾天西北

象曰天光覆下日月發明万事行為有足皆行

頌注一陽發生故曰天光人物所生必資日月凡事宜自籌量勿信他人

何注一陽發生萬物自合得地上下無實未可輕舉凡事須有實心得托用事吉求財多利謀事遂官事無苦病者自瘥行人久後方回軍行大勝

陳解一為天陽而居人位若人受天之明命以生也故曰云云

劉解一陽居中日月光明之象人物之所以資生求事可望而遅

詩曰攸往利南征青天日月明蹇除灾已散名遠利還成

二中　歲登卦　遲吉之象　孤陽失位坤地西南

象曰天地開通萬物皆隆事方決定歲終大凶

頴注此卦亦猶上卦天地播植之功大致豐盈此卦小吉謀事通泰斷無疑阻

何注凡事遲吉不宜速得宜自持正百事皆然失脫可獲

陳解二為地陰乃居人位若人受地之柔順以生也且亨地利之美故曰云、、二能合於陽也

劉解天地開通人道將泰也物隆歲豐陰不為害也此課自一至二生物漸多之象求事以漸 居

詩曰自從持守定功在衆人先別有非常喜隨時至

九天　覆載功雖大猶資雨露先待時終有獲歡樂度豐年

三中　人事卦　大壯之象　盛陽居中乾天西北

象曰人事方起吉無不利居者得福行者必至

頴注三陽居中人道始興雖無應援終致大吉

何注凡有所求皆得通達行者必致如期而還求官見貴謀事皆遂患病交節氣必退

陳解三為陽盛而居中位人道之盛也人生于寅亦三陽交泰之時故曰云、

劉解人事方起陽正中也吉無不利大有功也此課三陽出地建寅之月人事方起之時天地交泰吉無不利也

詩曰居家多有慶富貴淂平安万事從心起多來好處看

四中 保身卦小安之象 積陰居中坤地西南

象曰鬼氣未盛防毒未形保慎性命门戶安寧

頌注中位人象故曰鬼氣未盛然處陰弱又无交接可謹保身退密行正脩德不可為鬼厲所侵有必致不能吉也

何注宜保身安靜大体不吉鬼氣頗重不宜占事初有讒謗後清脫行人至軍師勝宜自保故曰云、

陳解四為陰極而居人位若非老死必有鬼厲推

劉解鬼厲未盛無相占也保慎性命宜安處也此課占者當謹慎退密以保身

詩曰花逢春去雖留艷水逐東風怎復波若把利名前路去却防间事暗憂多 花開春已去蝶至花又殘惟有青、柏終能耐歲寒

一下 化育卦生炁之象 孤陽不明乾天西北

象曰明、上天照臨下土化育羣生開發門户事皆豁然

更相瞻覩一作更須瞻顧

頴注地得配天必有光澤下潤羣萌以至長大者也

何注凡事從心而少稽緩此卦无咎占產大吉主生男仕進求財望事有印信文書市賈見貴並吉官事告内臣陰人僧道吉病者不宜居顯處宜處室中行人有阻出師勝

陳解一爲天陽下爲地勢陽氣出地万物化生詩曰一陽初動處萬物未生時獨陰不生獨陽不成故陽氣在地則地利豐美諸卦多取此義故云

劉解上天照臨以發生也更相瞻覩物莫不榮也此課陽居地位是爲上天照臨之象占事始違而未大元咎也

詩曰已到平安地江山萬里程綠楊芳艸路風快馬蹄輕

二下 地利卦 安厚之象 陰居陰位坤地西南

象曰本立事定人物齊整飲食清甘各保性命

頴注天一地二故曰本也本既立矣人物因之各正性命凡事小吉

何注人事既定立本為急各保性命凡事小吉求官
見貴並吉行人及秋方回
陳解二為陰氣純美之体居下位為地道之正有
安静和平之象故曰云、
劉解本立事定地道成也飲清食甘各保性命也
此課求事有始終吉
詩曰杏艷梅香秀氣盈一番花發一番新江南若過
人雙口變化方知是主人
三下　建侯卦　三陽助下乾天西北
象曰事興功起英雄基趾聖賢救世法令淂理

頴注三陽處於下位興功立業之象剏造基趾
雄無以克成故能明法救世百事皆成理人亦吉
何注凡事有人言助其斷割也謀事進身求財吉官
事理行人至印信文書同至病者痊出師勝百事變
動吉
陳解三為盛陽而居地位有羣賢闢國之象地道
之盛也故曰云、
劉解事興功起陽道立也聖賢救世進以成業也
此課三陽在地位建基立業剛健足以有為而無
阻撓之者占者大宜有為百事俱吉

詩曰経涉波濤一葉舟如今方得到灘頭幾年心事才成就屈指從前多阻愁　天生英雄肇基宏業曰民之力施恩布澤君子雍〻小人孳〻

四下　送終卦 全陰之象 正陰獨權坤地西南

彖曰養生送死祭祀潔豊孝子策杖衣服麄凶

頌注此卦陰數萬物之象夫受氣於天生而為人死而歸土故曰養生送死又以時祭祀孝子之事親終矣

何注此卦孝子必當至孝恐有喪也不然亦有外喪病者凶凡事不吉

陳注四為陰極卧居下位有死而入土之為云〻陰極而不可為矣

劉解養生送死人道盡矣体魄歸地就泯〻也此課田極之象占事無所不凶

詩曰陰人口舌主憂驚孝子臨門動哭聲運退黄金猶失色雙眉不展事無成

全覆　純鏝卦 十二棊全覆為混沌未明無形之象

彖曰陰鏝無象朕兆未形動而有悔退保其貞

頌注十二子皆覆無文字者陰鏝之卦夫自有形而歸無形天地陰陽之理極矣是以棊卜起一支終無

靈棋經下卷之下至此廿六章全終
而跋文轉在下卷下之首章次
猶名為一章者周而復始之意也

象体既無交成卦，故不在一百二十四卦之内，未可興作百事，退保幽貞，以消大咎，病者不死，淹留遲瘥，行者凶，不利所求。

何注 宜居家守志，百事宜止，官事無罪，則釋，已有事則難解，戰陣不利，所求不得。

陳解 三才不分，陰陽不辨，幽混沌未判之象，無字可尋，無義可決，故曰云、、。

劉解 太極未分，杳冥、、也，陰陽混合，莫睹其形也，退處靜默，以保其貞也。此課吉凶未分，不可作為，靜默自守，則吉無咎。占者得之，聞憂不憂，聞喜不喜，守恒無得失之卦也。

詩曰 逢時多難戰兢、，戒懼當如履薄冰，要識前程夷與險，不籠風裏一枝燈。

跋

靈棋經不知何人所作或謂漢淮南王安所撰異苑
云十二棊卜出自張文成受法于黄石公行師用兵
萬不失一東方朔密以占衆事此後祕而不傳晉法
顯道人遇一老翁授此書遂傳於世其說紛紜不一
隋經籍志有十二棊卜經一卷而經中第三十七象
詞容從南來云、見於南史則其書古矣旧傳晉顏
幼明宋何承天皆為之注唐進士李遠為之叙元廬
山陳師凱又為之解宋志別有李進注靈棋經一卷
今已失傳或即李遠之訛明劉基復仿周易彖顏
作注見於明藝文志此卷合顏何陳劉四家注法
謂備矣惟後詩詞不知何人作卦凡百二十四繇外一
又全覆一卦晁公武讀書志載一百二十繇殆未及
檢抑舉成數耶余既從四庫書録出復得明人刊本
是正缺者補之訛者正之每課下皆注卦名類求之
得乾坤各二十六震艮各二十坎離巽兌各八乃以
劉氏一二為少三四為老之說以卦變推之本卦為
内变為外倍之為六配合六十四卦無不脗合加注
于每卦之上占者可占易理相參至三位不全偏二
偏一之課吳草廬易纂言有兩儀四象圖言伏羲畫

卦遞次而增非遽成三位六位之純卦重卦也正与此合今配以父母六子三四為乾坤一二為六子以上中下陰陽位次分之即一索再索三索之義而歸虛於純鏝則太極兩儀四象三才八卦六十四卦三百八十四爻俱備視太元、包不更簡而眹耶至其占驗之靈宗晁補之雞肋集中亦載從小至大一課不獨南史及李亭云然考晉書王長文擬易作通玄經有文言卦象用以卜筮靈棊繇詞淺弱非易林之比昔人謂孔叢子出於宋咸文中子出於阮逸皆是注家作偽顏幼明之注靈棋將毋類是又按此

靈棋經是一部完整而系統記述古代占卜之書傳說最早由黃石公授予張良後由東方朔掌握其術始流傳於世在此之前中國卜筮所用器具皆為龜甲蓍草等民間認為天然帶有靈氣之物惟棋子非天賦靈氣者因古人認為此占法極其靈驗故尊稱為靈然此靈已非為卜具之靈而特指占法之靈其占法以易經為理論依據以十二顆單面刻字之棋子為具隨意一擲即可成卦卦有繇辭然後根據書中繇辭和注解判斷吉凶

正統道藏中收有是書其名為靈棋本章正經是書於唐代以前皆稱靈棋經道教中人往往為示尊重將一些主要經典冠以正經或真經字樣靈棋本章正經序言稱夫靈棋經者不知其所起或云漢武帝命東方朔使之占兆無不中者朔之術用此書也或云黃石公以此書授張子房又有客述淮南王神秘之事亦此書也蓋好事者倚聲借價以重其術豈盡數公之為乎雖然余聞之久矣以其非經史之書不以留意四庫全書亦收錄有靈棋經入子部術數類其內容文字與正統道藏本靈棋本章正經畧有出入惟道藏本更為久遠四庫全書總目提要則進一步攷證此書為六朝以前即存在攷隋書經籍志即有十二靈棋卜經一卷而南史所載客從南來遺我良材寶貨珠璣金碗玉杯之繇實為今經中第三十七卦象詞則是書本出自六朝以前其由來亦已古矣檢四庫大辭典知是書尚有四庫全書本墨海金壺本仿知不足齋叢書本叢書集成初編本等

吾藏之本為清代知不足齋黑格鈔本版心下刻有知不足齋叢書字樣兼有鮑廷博批校其中卷首書眉處寫道靈棋經上卷之上章次順數至廿八卷末書眉處寫道靈棋經下卷之下至此廿六章全終而跋文輯在下卷下之首章次猶名為一章者周而復始之意也查知不足齋叢書三十集子目未收有靈棋經鮑廷博以叢書專用稿紙鈔錄此書且予以句讀及批校然在刻叢書時卻棄之不知何故鮑廷博刻此叢書可謂嘔心瀝血每收錄一種書皆以多部善本仔細校勘以使該叢書臻於完美而靈棋經早期善本稀見難得或許是其無由覓得善本而無法校之終而放棄當然此不過是吾臆度而已然該書畢竟是出自大藏書家之手於今而言亦是難得之物

吾對此書之喜愛其中另一個原因則是該書之舊主為臺灣學人嚴一萍先生大約七八年前嘉德上拍一批藏書家舊藏其中有十一部書合為一小版塊名曰嚴氏舊藏吾不知此嚴氏系指何人然其舊藏均很精整幾乎部部皆有特色如洪武六年盧陵李氏明經堂本詳明算法明萬曆四十四年武林刊本青樓韻語元至順四年集慶路儒學刊本修辭鑒衡明天啓元年閔氏朱墨套印本唐詩豔異品等吾勉力舉之僅得其四種此其一也後經打聽知此嚴氏為臺灣學人嚴一萍幾年前病逝於美國其舊藏盡數歸其太太因嚴氏在美國的舊居在山裏面交通頗為不便而其藏書有很多大部頭者難以運出故嘉德前往徵集時所得皆為版本上佳而部頭不大者事後兩年臺灣吴興

文兄來寒齋敘話談及嚴氏其告吾此人為臺灣藝文印書館之老闆並簡述其經歷吾始知嚴一萍為臺灣出版界名人此書局以影印書見長出版過大量文史書在臺灣學界尤其是大學界廣為流傳吳兄言嚴太太亦很能幹如今整個藝文印書館的運轉都由其一手操辦又過兩年吾偶讀一文敘述嚴一萍在臺灣的女兒幾乎全身是病卻仍然以樂觀向上之心態生活嚴氏生平及家世慢慢在吾印象中變得深刻及清晰遂開始有心去尋找與其有關之資訊

嘉興縣志載有嚴一萍簡介其生於民國元年一九八七年去世原名城又名志鵬字大鈞以號行東亞大學法科政治經濟系畢業抗戰時曾任浙江省政工隊二隊中隊長及嘉興縣政府主任秘書等職抗戰勝利後曾任國民黨上海市黨部總幹事總務科長一九四九年去香港次年由香港去臺灣縣志載其專治甲骨在臺灣創辦藝文印書館任經理並編輯中國文字雜誌著有殷墟醫徵殷商史記陸宣公年譜等

據說嚴一萍離開大陸時有意投靠董作賓治甲骨文字學在香港期間其獲贈友人王梓良在臺灣主編的大陸雜誌意外發現雜誌發行人正是董作賓遂由王梓良與另一友人談益民具保至臺灣到臺灣後嚴一萍持書稿殷墟醫徵謁董作賓得其賞識由此而出入臺灣大學董作賓之研究室進而至中央圖書館中央研究院故宮圖書館而藝文印書館的成立正源於董作賓

當時臺灣幾家知名出版社如商務世界及中華等都是大陸之老牌店家移駐臺灣藝文只是一家臺灣本土成立之小出版社其成立初期目的很簡單僅僅因為甲骨研究文章無處出版只好在董作賓鼓勵下自己印書此種冷僻書雖然在業界叫好實際銷售情況卻極慘淡為變通求存嚴先生開始以其精到的版本學眼光精選故宮刻本古書來影印出版供應當時滿目荒蕪之書市當時的苦心經營正好造就日後藝文在學界之地位

前些年讀臺灣傅月庵兄出版的散文集生涯一蠹魚中有一篇我館風雨飄搖之中敘其異國結識嚴氏後人聊及藝文出版社近況對方回答我館風雨飄搖之中傅兄言一句話喚醒內心多少記憶並悚然驚覺像藝文印書館主人一樣因著文化使命與個人興趣以翻印古籍叢書為主的出版社似乎越來越少在吾而言此歎亦何嘗無之

序屬辛卯年清和月韋力識於芷蘭齋

乙未早秋寄盦代錄

靈棋經

芷蘭齋藏清知不足齋鈔本　鮑廷博批校

限量印製三百套　本套編號

二百八五

圖書在版編目（CIP）數據

靈棋經：一函二册 / (晋) 顔幼明注 (明) 劉基補注.-- 北京：國家圖書館出版社, 2016.5
（芷蘭齋藏稿鈔校本叢刊：8）
ISBN 978-7-5013-5649-2

Ⅰ.①靈… Ⅱ.①顔… Ⅲ.①占卜—中國—古代 Ⅳ.①B992.2

中國版本圖書館CIP數據核字（2015）第190627號

ISBN 978-7-5013-5649-2

9 787501 356492 >

書　名	靈棋經（一函二册） （芷蘭齋藏稿鈔校本叢刊之八）
著　者	(晋) 顔幼明　注　(明) 劉　基　補注
選題策劃	姝　合　王燕來
責任編輯	王燕來
出　版	國家圖書館出版社（100034 北京市西城區文津街7號） （原書目文獻出版社　北京圖書館出版社）
發　行	010-66114536　66126153　66151313　66175620 66121706（傳真）　66126156（門市部）
E-mail	nlcpress@nlc.cn（郵購）
Website	www.nlcpress.com（投稿中心）
經　銷	新華書店
印　裝	杭州蕭山古籍印務有限公司
版　次	2016年5月第1版第1次印刷
開　本	180×290（毫米）1/16
印　張	7
書　號	ISBN 978-7-5013-5649-2
定　價	880.00圓

限量印製300套，編號發行。

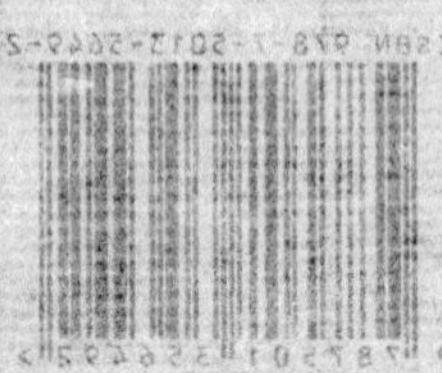